Wie vom Wind gehaucht

HEIDI KJAER – 1944 in Hohenpeißenberg geboren. Als Schulkind ging sie täglich den Peißenberg hinauf, ein Weg, der ihr die Geheimnisse der Natur näher brachte und später Quelle tiefer Heimatverbundenheit wurde, die sich in all ihren Gedichten niederschlägt. Das Schreiben begann schon in jungen Jahren, sie setzte es fort beim ortsansässigen Zeitungsverlag und über 30 Jahre in Tagebüchern. Lebenskrisen, aber auch die Lust am Leben zeichnet ihr „lyrisches Ich" in feinfühligen Gedichten nach, in Hochsprache oder in ihrem geliebten bairischen Dialekt. Vor allem in Letzterem formte sie allmählich einen ganz eigenen Schreibstil aus.

HEIDI KJAER

Wie vom Wind gehaucht

Bibliografische Information der Deutschen Nationalbibliothek:
Die Deutsche Nationalbibliothek verzeichnet diese Publikation in der
Deutschen Nationalbibliografie. Detaillierte bibliografische Daten sind
im Internet über http://dnb.dnb.de abrufbar.

2. Auflage 2015

Covergestaltung und Satz: Jürgen Müller, LayArt

Herstellung und Verlag: BoD – Books on Demand, Norderstedt
ISBN: 978-3-7347-9610-4

Altes Jahr

Ich werde Dich nicht verabschieden
mit Pauken und Trompeten,
mit sprühendem Böllerkrachen.
So viel Beifall verdienst Du nicht!
Du darfst gehen.
Ich nehme still Abschied
mit der Hoffnung,
dass Du keinen Bruder,
keine Schwester hast –
die mich wieder und wieder heimsuchen.

Boarisch greddt

Boarisch redn is need modern,
sogn ganz oft de bessan Herrn.
Runzln sorgenvoll de Schdirn,
nix hams drin, im eigna Hirn!

Unsa blaues Baiernland
is in Japan längschd bekannt.
Olle woins de Schlössa seng
und vom Kini a a weng …

Baiernland im Sonnenschein,
a Jagerlebm samt Jennawein.
Leberkas und Steggalfisch,
Haxn, Knedl, aufm Disch.

Ummasunschd de guade Luft,
aus'm Woid da Kuckuck ruft.
Saubre Burschn, fesche Madl,
Ledahosn, dicke Wadl.

Drom am Bearg, de scheena Kia,
d'Sonna scheint seid in da Fria.
Hock de her, du fremda Bua,
hoidd dei Meii – und gib a Rua!

Hock de her, du fremde Frau,
vaschdäh ma uns doch ganz genau!
Samma griawig heid beinand –
so is Brauch im Baiernland!

Mit da Zeit ...

Mit da Zeit, do wear' i älter.
Um mi rum weads oiwei kälter.
S'liegt need an mia und a need am Mond –
s'liegt an de Leit, s'wead koana vaschont.

De Guadn san furt, oafach so g'storm.
D' Bosheit bleibt do und frogt need nach Morgn.
D'Bosheit und d'Sünd poltert eini ins Haus.
Da Deife geht um, des is ma a Graus.

Schaug' i nauf dann zum Himme,
hell strahlt uns a Stern,
ein barmherziger Gott,
ist uns Menschn need fern.

Er kennt unsern Schmerz,
will Helfer uns sein,
liebt alle, auch Sünder,
lässt keinen allein.

Ins Fruajohr nei

Im Winta is mei Hearz eigfrorn,
sgibt wenig woos mi gfreid.
De Berg san weiß,
da Himme grau,
weils oiwei schneit und schneit.

Oft draam i mi ins Fruajohr nei –
mei Weiid wead langsam grün.
Vom Berg des Bacherl,
plätschad schoo,
losst Buddableamen blüan.

Und i hock auf da Sonnabank,
hoid d'Nosn nei in Wind –
oiß riacht so guad,
oiß riacht so nei,
i g'frei mi wiara Kind.

Jeds Bleamal
hood sein eigna Duft,
in Farb'm Gelb und Blau
und weiße Gänsebleamalluft
küssts Veigerl Himmelblau.

I kunnt mi badn in meim Glück!
Berauscht von so vui Grün –
Drum hädd i nua den oanzgn Wunsch,
i deaffad a nei blühn.
Auf oamoi waar i wieda jung
und oiß waar nagelnei –
und miid am riesngroßn Schprung
wurad neidanzt dann in mein Mai.

I denk bloß an Di

Heid sitz i mi hi,
moog oafach nix doa.
Hock bloß a so doo,
für mi ganz alloa.

I denk bloß an Di,
wias war mit uns Zwoa.
Wer gääd jetzt mit mia?
Mei Hearz is a Schdoa!

Doch nix is vorbei,
i gspürs Lebm oiwei noo!
Moog oafach need sei,
so ganz ohne Moh!

Wenschd awa moanschd,
nix hoidd di mer hi,
nochad werschdas schoo seng,
wias da gääd ohne mi!

Und bischdas need Du,
dees soog i da fei,
dann froog i an Hanse,
der nemmad mi glei!!!

Zeid weads!

Zeid weads!
Naus muaß i!
Auf mein Berg muaß i!
Auf da Sunnaseitn
hear i Glockn leitn von da Kirch.

Und de oidn Baam
hamm den oidn Draam:
dass da Summa kimmt,
a warms Lüfterl bringt,
grood scho morgn!

Wart i doch scho lang
auf den siaßn Klang,
wenn a Vogerl singt,
mia sei Liad.

Zeid weads,
dass mei Hearzblatt kimmt,
mia a Streissal bringt,
droom vom Berg.

Und wenn Glockn leitn,
soins mei Freid nausleitn,
auf da Sunnaseitn
bei da Kirch.

Olle Doog vo vorn
langsam reift des Korn
bis mas dreschn koo
brauchts sei Zeid.

Kämma andre Zeidn,
auf da Sunnaseitn,
pack dei Sacke zamm,
und dann froog need lang –
s'kimmt dei Zeid.

Iazzd gääds gipfewärts,
wead so leicht dei Hearz.
Konschd dein Blick ausweitn,
nauf, in d' Sunnaseitn,
drom, am Berg.

Eheleben

Do gibds an Moh mit seina Frau
de zwoa san oid und d'Hoor san grau.
Oft siggd mas sitzn
auf da Bank vor iam Haus,
s'Elend schaugt deitli zum Fenschda raus.
A Kreiz is mit de Zwoa scho lang,
se ziang need mehr
am gleichn Schtrang.

Se redn nix, schaugn se need o,
oft froggd se staad, wos hob i doh,
dass er glei gornix mit mia reddt?
In da Schloofstubn, hint,
stehts laare Bett.
Er streichld bloß no d'oide Katz,
vor Jahren moi, war sie sei Schatz.

Vierzg Johr sans zamm, jetzt hoda gnua,
am liaban hädda grood sei Rua!
Woos soi ma redn,
und dausendmoi vo vorn ofanga?
Er hods oft gsogt:
„Iazd muaß moi glanga!"

Er hod oiss recht gmacht,
do konn koana woos sogn.
D'Kinda wenn kämma,
dann deaffas ruig froogn …
Sei Lebn lang bloß garbat
und gschuft, wiara Schdier,
iazd moog as hoid gmiadle,
und nebn droo, schdääds Biar.

„Dees derf wohl erlaubt sei,
a Hoiwe, zwoa, drei!
In a gscheids Mannsbuid
do basst scho wos nei!"

Sei Frau sitzt danebn,
gibt scho wieda koa Rua,
de griagt hoid vom Redn goor nia need gnua.
Iazd sitzd se doo und muaß bitta woana,
ia Hearz is so schwaar,
wiara Schubkarrn voi Schdoana.

Se woaß schoo, dass a trinkt,
dees macht se schier krank.
Da Moh, da arm Seckl,
hockt mimm Surri auf da Bank.
„Oh mei, liaba Moh,
wia denkschd da dees bloß?
sigschd need unsa Elend,
zeaschd kloa und iazd groß?
Gäh, sei doch vaständig
und horch endle zua,
kimm, schaug mi moi o,
i gib sonschd koa Rua."

I muass das iazd soogn, Moh,
a wenns di need gfreid:
I konns
nimma hean
dees Greed vo de Leidt!
I mahn di, i bitt di,
du bischt doch mei Lebn!
In so vui Johr
hodds an Sonnenschein gebn.
Iazd, wo ma oid wean
gääds need ohne Vatraun.
Mia kunndn, grood heid noo,
in Himme nei schaun.

Die Fremde

Die „Fremde" wird sie hier genannt.
Man sieht sie des Abends am See.
Sie schickt ihren Blick über weites Land,
erzählt Wind und Wellen ihr Weh.

Hier lebt sie nun seit Jahren schon,
doch niemand spricht sie an.
Sie ist allein, das weiß man ja,
hat weder Kind noch Mann.

Oft steht sie lauschend nur so da,
als höre sie auf Stimmen.
Dort, bei dem weißen Pavillon,
Musik und Gläser klingen.

Er hat sie längst, noch aus der Ferne,
am roten Haar erkannt – und so,
als wäre alles richtig, sie
„schöne Frau" genannt.

Noch liegt sie nicht in seinem Arm,
Sie denkt: Noch kann ich gehn …
und auch die Schläfen, silbergrau,
hab ich schon oft gesehn.

Er ist ein Jäger, ein Galan,
das zeigt ihr schon sein Blick.
Er liebt die Frauen ohne Zahl
und nennt das auch noch „Glück".

Sie wird die Fremde hier genannt,
und wird es immer bleiben.
Nur diese Nacht in seinem Arm,
was dann kommt, wird sich zeigen.

In dieser Nacht ein Engelsheer,
sehr klug und sehr belesen:
Sie blättern Lebensseiten um,
als wäre – **NICHTS** – gewesen.

Das alte Haus am See

Ich denk an dich,
du altes Haus,
verwunschen, nah am See.
Die Liebe ging dort ein und aus,
Geschenk der Märchenfee.

Nah bei dem Haus,
im Dämmerlicht,
der Mond versinkt im Blau –
singt eine Nachtigall ihr Lied,
für eine alte Frau.

Die Frau sitzt
auf der Träumerbank,
ganz nahe bei dem Haus.
Sie hört das Lied der Nachtigall,
Ihr Lächeln schenkt Applaus.

Nun summt sie selbst
ein Liebeslied,
das Singen wird ihr schwer.
Nur die Gedanken tanzen noch
den Tönen hinterher.

Das Haus am See,
jetzt kalt und leer.
Kein Mensch geht mehr hinein.
Dort singt man keine Lieder mehr,
es ist für sich allein.

Die Frau in Rot

Da geht sie nun:
Die Frau in Rot
und alles fängt neu an.
Sie lacht und singt,
ein Strahlen gar,
sie freut sich auf den Mann.

Sie eilt am Ufersaum entlang,
ihr Kleid – es leuchtet rot
und auf den Wellen
dort im See,
der Mann
im kleinen Boot.

Mit ihm
will sie heut' tanzen geh'n,
will Kraft und Nähe spür'n.
Und sollte er,
man weiß ja nie –
sie ließe sich verführ'n.

Schon kommt er
lachend auf sie zu,
mit Küssen
weich und warm.
Es kommt ja nicht von Ungefähr,
sie liegt in seinem Arm.

Denn
lange Zeit war sie wie tot;
das Leben nicht gelebt.
Ab heute
soll es anders sein:
Ab heute trägt sie Rot!

Im Wellenspiel des Lebens

Sommernächtig
glitzern die Lichter am See,
beleuchten die Stadt,
blitzen auf,
machen hell,
was vorher dunkel war.

Die Frau
lehnt sich an den Mann.
Geborgen –
in seiner Nähe.
Geborgen –
in seiner Liebe.

Sie reden, lachen, halten sich fest.
Welle für Welle
erobert der See sein Reich.
Welle für Welle
strömt ineinander,
was zusammengehört.

Im Schatten der Nacht
findet ein Mann seine Frau.
Nichts ist falsch.
Alles ist gut.
Wohlwissend
um die Gunst der Stunde.

Am anderen Ufer
verlischt eine Leuchtreklame.
Paare kehren heim,
gehen zu Bett,
finden sich.
Im Wellenspiel des Lebens.

Neues Leben

Ich fang wieder an zu leben,
möchte noch so vieles geben,
Will verströmen meinen Duft,
atme wieder frische Luft.

Fühl mich frei und frech und jung,
spüre wieder neuen Schwung.
Pfeife auf Moral und Sitte,
hätte nur die eine Bitte:
Lasst mich sein wie Gott mich schuf,
was bedeutet mir mein Ruf!

Möcht nochmal Verbotnes wagen,
nicht nach Recht und Unrecht fragen.
Einfach tun, was Freude macht,
glücklich sein, bis in die Nacht.
Einmal noch 'ne Gänsehaut,
Stunden in den Mond geschaut.
Dann kann kommen wie es mag,
ich geh mutig in den Tag.

Goldmarie

Im Warten auf den Goldregen
vergehen die Tage:
glücklos,
hitzeschwer,
gewitterträchtig.

Es reiht sich Tag an Tag,
Stunde um Stunde.
Kein schattenspendender Baum
mit dickem Stamm
und grün im Laub …

Keine wiegenden Blätter im Wind.
Stille, in tagheißer Glut.
Nichts, was den Durst löscht,
den Hunger stillt,
Erlösung schenkt.

Eine gnadenlose Sonne
laugt mich aus,
gräbt Furche um Furche
ins Gesicht.
Dunkle Schatten im Blick.

Sehnsuchtsfäden
verwebe ich
als Spur durch das Nichts.
Ein Weg, der herausführt
aus vertrocknetem Land.

Seite an Seite
stellen wir uns in den Regen
und trinken das kühlende Nass.
Dein Schatten und ich.
Goldene Tropfen im Becher.

Versteinertes Herz

Gelebte Tage nicht gelebt.

Verschenkt, *an die Trauer.*
Vergeudet, *an die Mutlosigkeit.*
Verschwendet, *im Überfluss.*
Verloren, *gutgläubig, an die Hoffnung.*
Vergeblich verpackt, *in Jahre ohne Tage.*

Gelebte Tage nicht gelebt.

Verpfändet, *den Gesichtern der Liebe.*
Verraten und verkauft, *an Bilder der Sehnsucht.*
Verletzt *und missbraucht an Leib und Seele.*
Verkümmert *im Kummer.*
Verschnürt *und* **verknotet** *auf Lebenszeit.*
Versteinertes *Herz.*

Gelebte Tage nicht gelebt.

Hearzbluad

Ganz diaf in mia drin
dropft und dropft mei Hearzbluad
und schenkt ma's s'Leb'n.
Mei oanzig-guads Leb'n.

Weida gäd's – oiwei weida!
und i' gäh' mit:
Weil i' deaf?
Weil i' muaß?
Weil's hoid so is' wias is?

Weida gäd's – oiwei weida!
Neamad zoagt ma mein' Weg.
S'gäd koana voraus,
s'kimmt koana hint' nooch.
Bin füa mi ganz alloa.

Ganz diaf in mia drin
dropft und dropft mei Hearzbluad
und oiss wui naus,
mitt'n nei ins Leb'n!
In mei oanzig guad's Leb'n.

An manche Doog

An manche Doog,
halt i s'Lebm nimma aus.
Mit da Liab is vorbei,
s'wead nia nix mea draus.

An manche Doog,
renn i mim Kopf geng'ra Wand:
Du horchschd ma need zua,
sch'deckds an Kopf nei in Sand.

An manche Doog,
suach i a Brückn an Steg,
suach vazweifelt und traurig
den richtig'n Weg.

Und an manche Doog,
denk i öfters an Gott:
Mei Leb'n als Chrischd,
is füa ihm bloß an Schpott.

Wo bleibt meine Demut,
mein Leb'm im Glaub'n?
Der „arglistig Feind"
wird mir alles noch rauben.

Oamoi noo

Oamoi noo …

Meim liabschdn Schatz a Briafal schreibm,
am Zwedschgnbaam droom, mia Knia aufreibm;
mim Radl, wia narrisch, an Berg runtabräädschn
a gruslige Schpinna mim Fuaß zadäädschn.

A Liadl singa, an Kirschkern zuuzln,
meim Zuggaschnäggal d'Hoor vawuuzln,
im Bett liegn bleibm, an Doog vadriidschln,
danooch, in da Badwann, im Wassa briidschln.
I hädd goor koa Ploog midd meim Zeitvatreib,
es is oafach so, mecht doa woos mi gfreid.

In da Fria, mei Semme, in Kaffää einibrockn,
und namidoogs, stinkfaul, aufm Gartnbankal hockn.
I daad sogar wieda zum Beichtn geh,
da neie Kaplan, mei, war der schee!
Oamoi noo sMarmeladbrood gegnra Guazzl eidauschn
Und oamoi noo schaurige Gschichtln von da Muadda
lauschen.

dSonna wenn scheint, mecht i no oamoi a Bergtour
macha,
an Witz vazoin, dass olle lacha.
Middn in dWiesn mei Deckn ausbreitn,
staad wean, wenn dGlocken vom Bergkirchal leit'n.
Oamoi no dankn für a richtig guads Brood,
fürs Sattwean im Alta, so ganz ohne Not. –

A richtig scheens Lebm und need bloß füa heid,
dees waarad mei Bitt, füa de kommende Zeit.

Lebn oda Steam?

Lebn oda Sterbm –
wia hädschdas denn gern?

Lebn und doch dood –
is a Breggerl vom Brood.

Lebn, ohne Luscht –
is a Muadda ohne Bruscht.

Lebn, ohne Freid –
is dei Dood, bloß auf Zeid.

Lebn, ohne Glück –
bringt an Notstand zurück.

Lebn, ohne Luft –
is a Leich in da Gruft.

Lebn, ohne Glut –
schürt an Hass und a Wut.

Lebn, ohne Weib –
is de Häufde vom Leib.

Lebn, ohne Moo –
brauchts a Frau de oiß koo.

Lebn, ohne DI –
is koa guads Lebm für mi.

Da Stoa

– Do liggt a jetzt –
da Stoa,
da schwaare,
da stoanane.
Koana schaugt hi,
Koana g'spüad'n,
Koam duad a wää.
Oiß bleibt so wia imma.

Lang liggd'a scho doo,
da Stoa,
da schwaare,
da stoanane.
Neamad ramd'n weg.
Liggt oafach so doo –
midd'n im Weg,
midd'n im Leb'm.

Wer mächt se scho
d'Händ dreggad macha,
bloß weg's so am Stoa?
Auß'n rum gibd's a an Weg.
Der losst se leichda geh.

Mei' Stoa is ja need!

S'Karusseii

I hoob a Karusseii im Kopf,
dees macht aus mir an arma Tropf.
A wenn i bäddl oda bitt:
„Bleib steh und loss mi a noo midd!"
S'gibt koa Erbarma und koa Gnaad
do zabbelt a Drehwurm im Denkabbarat.
Sgääd weida, weida, narrisch schneii,
krummbucklige Wörta im Kopfkarusseii.

I merk schoo.
mia foid heid nix Geistreiches eii;
I gää liaba naus und loss dees jetzt seii.
Da Göthe, da Rilke, da Hochwohlgeborn,
waarn ääha zum Dichtn und Denkn erkoorn.
Bei mir head de Sach schoo am Vormiddoog auf –
da Moo wui woos z'Essn, und regt se schier auf:
„Er muaß heid no furt, s'daad eam narrisch pressiern!"
I schleich mi in Kiich, wui koan Ärga riskiern –

Doch blääd is dees schoo:
s'gäd ma wieda vui z'schneii –
hock wieda dick drin in am neiien Karusseii!
S'Leben gibt voll Gas und koana schreit „HALT"!
Olle Doog im Kreis – mit sanfta Gewalt.
Ma miassd wieda Kind sei, dees daad ma voll daugn,
i sächad mei Woiid midd ganz andre Augn.
Midd'm Liadl auf dee Lippn, und s'Hearz volla Freid –
so missad ma Leb'm,
Dass oan schpääda need reiid!

Hey Clown –
oder: „Wer was mitmacht, macht was mit!"

In meiner kleinkarierten Welt,
da gibt es einen Clown.
Er redet viel,
dreht sich im Kreis,
will Märchenschlösser baun.

Meist will er sein
wie Du und Ich;
will Mensch sein, mittendrin.
Dann stolpert er, hält sich das Bein,
kein großer Lustgewinn.

Oft lacht er mit,
weil alles lacht.
Sein Spiel, es muss gelingen.
Doch niemand sieht, wenn er so lacht –
er weint um sich, tief drinnen.

Der Clown ist müd, ich kenn ihn gut.
Du gibst wohl niemals auf?
Drum sag mir, Clown,
wie kann das sein,
wann hört das Spiel mal auf?

Nicht jedes Spiel braucht eine Bühne.
Die Dummheit
macht sich selbst zum Clown.
Komm, lüfte deine grelle Maske,
lass ins Gesicht dir schaun!

Schon hat der Spuk ein jähes Ende,
hast dich im Spiegel selbst erkannt.
Du wirst geliebt,
du wirst gehasst,
im „Mitmachspiele Wunderland".

Herr Mümmelmann

Ich möchte einmal Maulwurf sein,
grab tief ins Erdreich mich hinein.
Ganz unten, wo's am Wärmsten ist,
wo Ruhe herrscht, nicht Streit und List.

Hab gutes Essen mit dabei,
auch Lesestoff so allerlei …
Kein Radio, auch kein TV,
ermüdet mich und macht Radau.

Kein Straßenlärm, kein Telefon,
hier gibt es nichts, auch keinen Strom.
Hier wird mir warm, ganz von allein.
Ich darf auch faul und müde sein.

Nur von der Wohnung nebenan,
grüßt noch ganz leis Herr Mümmelmann.
Schon lieg ich flach und roll mich ein,
mit süßen Träumen schlaf ich ein.

Wär ich ein Mensch und nicht ein Tier,
ganz schrecklich wär's, drum bleib ich hier.
Der Mensch ist dümmer als manch Schaf,
er kennt halt keinen Winterschlaf.

Wechselstimmung

Gedanken,
schwer wie meine Lebenslast,
kommen und gehen,
lösen sich auf.
Wo sollten sie dich suchen?
Dich,
den ich jetzt schon liebe,
obwohl es dich nicht gibt
und du nichts von mir wissen kannst.
Trotzdem
hören meine Gedanken nicht auf,
dich zu suchen.

Gedanken,
schwer wie meine Lebenslast,
kommen und gehen,
fließen durch mich hindurch,
entfesseln den Strom der Tränen
der nie zu versiegen scheint.
Gedanken der Sehnsucht,
der Nähe und Geborgenheit.

Ich spüre mein Leben,
mein wechselvolles Leben.

Komm, guter Waldgeist

Streifen von Licht –
geheiligte Räume,
goldschimmernd klar.
Die Nacht reicht dem Tag
ihre Hand.

Komm, guter Waldgeist,
lass mich verweilen –
ohne zu eilen.
Im Sein will ich lauschen,
dem Flüstern und Rauschen,
komm setz dich zu mir.
Hörst du das Käuzchen
weit hinten im Tann?
Schon wird es heller,
der Tag bricht bald an.

Komm, guter Waldgeist,
lass mich verweilen –
ohne zu eilen.
Will nur ein wenig
die Wolken forttreiben,
in einer Welt
die mich müde gemacht.
Trotz all meiner Sorgen,
kommt dennoch ein Morgen,
kommt dennoch die Sonne,
lässt strahlen das Land.

Komm, guter Waldgeist,
lass mich verweilen –
ohne zu eilen.
Kannst du mich lehren
wer kanns verwehren,
wenn ich ein Fünkchen vom Glück
mir heut stehl'?
Die Sorgengedanken
gebändigt in Schranken,
verfliegen im lustvollen Spiel.

Komm, guter Waldgeist,
lass mich verweilen,
ohne zu eilen.
Führ' mich
ins schimmernde Licht,
führ' mich
zum Eingang der Seligkeit.
Möchte atmen und leben,
die Strahlen verweben,
in all ihrer Glut.

Komm, guter Waldgeist,
lass mich verweilen,
ohne zu eilen.
Das Leben in Händen,
wer könnte es wenden,
wenn Gott es nicht will?
Wer wollte mich lehren
nichts zu begehren?
ER kennt schon mein Ziel.
Von Geschicken geleitet,
der Weg sich bereitet.
zur herrlichen Ewigkeit hin.

Träumen

Ich sitze hier und will nur träumen,
will lachen, lieben, nichts versäumen.
Ich träume mir die Welt zurecht,
in meinem Traum ist alles echt.
Den Traummann träum' ich mir dazu,
er lacht mich an, genau wie Du.
Mit Augen, die so strahlend blau,
betört er beinah' jede Frau.
Doch dieser Mann ist nur für mich!
Ich lieb' ihn lang schon inniglich.
Wie könnte es auch anders sein,
er lässt mich keinen Tag allein.
Ist immer da, wenn ich ihn brauch',
hab' sein Tattoo auf meinem Bauch.
Trag' Liebesbriefe mit mir rum –
will Siebzehn sein, bin wieder jung.
Träum' mir die Welt nach meinem Plan.
Glaub einfach nur,
du kommst – und dann …
könnt' alles so wie früher sein.
Dann wach ich auf –
und bin allein.

An Tagen wie diesen …
oder: Gelbe Liebesträume

An Tagen, wie diesen,
träumt man gelbe Liebesträume,
steigt auf gelbe Liebesbäume,
liegt in gelben Liebeshecken,
gelbe Lust zum neu entdecken.
Gelbe Lust im gelben Mai,
gelb geträumt, was ist dabei?
Gelbes Nest für Liebespaare,
gelb gefärbt die Nackenhaare.
Alles blüht im gelben Licht,
grünes Gras die Regel bricht.
Grünes Gras darf lange üben,
knallig gelb sind selbst die Rüben.
Und auf Wunsch bleibt dieses Feld,
selbst im langen Winter gelb.
Kurz darauf der gelbe Mohn,
gelb gepunktet immer schon.
Sommertage gelb gestrickt,
mein Liebster gelbe Küsse schickt.
Lange, gelbe Liebesschwüre,
weiches Bett mit gelb Bordüre.
Gelb die Farbe der Natur.
Gelbe Butterstunden pur.

Tangofieber

Du warst der Mann aus Fleisch und Blut,
die braune Haut, der schiefe Hut.
Mein Tango Tänzer – Damenwahl!
Der beste Tänzer hier im Saal.
Ich hatte dich schnell auserkoren,
der Liebe Lust ward mitgeboren.
Du wurdest für mich neu erfunden …
ein neuer Tanz in Endlosrunden.
Hinein ins Leben, fest dein Arm,
wie könnt ich wehren, deinem Charme?
Und wieder diese Melodie …
im Tangoschritt so nah wie nie.
Das alte Feuer, schnell entbrannt,
das alte Fieber, wohlbekannt.

Von Frau zu Frau

Mit dreißig hat man FRAU zu sein,
hat einen Mann und Kinderlein.
Hat eine Wohnung blitzeblank,
man ist ganz FRAU – und
Gott sei Dank,
hat mans auch allen recht gemacht –
… nur an sich selber nie gedacht.

Mit Sechzig wird's erst richtig schön,
jetzt könnte man in Rente gehn.
Doch FRAU nimmt nochmal richtig Schwung:
„Bin zweimal Dreißig und noch jung!"
Ihr beispielhaftes Gottvertrauen,
lässt sie wie stets nach vorne schauen:
„Ich schaff das schon, das wär gelacht!"
Gewacht, gebetet,
manche Nacht –
… nur an sich selber nie gedacht.

Doch auch im Leben einer FRAU,
ist längst nicht alles himmelblau.
Mit weitem Herz und Zuversicht,
strahlt durch manch Grau ein helles Licht.
Nicht einem aus der Menschen Mitte,
versagt sie gerne eine Bitte.
Doch Haus und Hof und Kinderschar,
das kostet Einsatz, Jahr für Jahr.
Kaum eine Mühe wird belohnt,
bei dem, der sich nicht selber schont.
Oft kommt das Gute über Nacht,
… denn nun hat Gott an UNS gedacht.

Sommersatt

Im Abendrot
geh' ich den Weg,
am Wiesenrain entlang.
Ein Sommertag
in deiner Spur,
der Liebe Lobgesang.

Die Wolken –
weiß gefärbt und blau,
beleben meinen Blick.
Ein Farbklecks hier,
ein Farbklecks da,
Geschenk fürs kleine Glück.

Und immer noch
der Stimmen Klang,
im tiefen Wiesengrund.
Von weither –
wie vom Wind gehaucht,
ein Kuss,
auf meinen Mund.

Ich wollt,
der Himmel bräche auf!
Verblasste Rosen blühn.
Vergangenheit
löst selbst sich auf,
und Schleierwolken ziehn.

Und dann
dein Schritt!
Dein leichter Schritt …
schon wieder nur geträumt!
Ein sommersattes Ahornblatt
umsonst sich aufgebäumt.

Es schwebt vom Baum,
so leicht die Fracht.
Sein Sinn hat sich erfüllt.
Und noch im Fallen
wird es sacht,
von Liebe eingehüllt.

Es fällt –
bis an der Erden Rand.
Wie ist der Raum so weit!
Es fällt –
in die geliebte Hand
aus einer andren Zeit.

Die Schöne im Fenster

Sie ist die wesenlose Frau,
man meint oft sie sei tot.
Man sieht sie an
ist schattenlos,
die Lippen, feuerrot.
Auch grell geschminkt
ihr blauer Blick –
verliert sich leicht im Nichts.
So steht sie hier im matten Glanz,
des kalten Neonlichts.
Ein Mann bleibt stehn,
spürt schnelle Lust,
kann nicht mehr von ihr sehn.
Die Hände eilen tiefenwärst,
ES muss gleich hier geschehn.

Doch wie er nestelt, wie er zerrt,
zu mitternächtlich Stund,
er ist ein Mann
und sie das Weib
und wieder lockt ihr Mund.
Den Drang zum Weib
dort hinter Glas,
wie könnte es geschehn?
Sieht sie nicht super sexy aus?
Doch sie bleibt reglos stehn.
Heut läuft was schief
bei Superman,
ist derart nicht gewöhnt.
Dann geht er heim,
nimmt seine Frau,
ihr graues Haar getönt.

Des san de Doog

Mei, is heid schee! Bin füa mi ganz alloa.
Koa Mensch grand'ld rum, oda macht a args Gschroa.
Heid hock i mi hi, konn doa wos mi gfreid,
i pfeif auf mei Arbat, loss guad sei für heid!

Mei, is heid schee! So a heilige Rua!
Oiwei bloß redn, s'gibd doch Ärga grood gnua.
I mach mas heid griawig, mim Kaffädschal und Wein.
De läschdige Arbat muaß need olle Doog sein.

Mei, is heid schee! Bloß da Wassahahn dropft,
buid i mas ei, oda hood oana klopft?
Gä, habds mi doch gern, i mach heid need auf!
Ko kemma wear wui, dees nimm i in Kauf.

Vom Hof drunt, da hear is an jeda Düar leiddn.
Ja, sapparalott, woos san dees für Zeitn?
Da Boschdla wui rei, midd'm Baggal in Blau.
„Doo, undaschreim! Sans so guad, liabe Frau."

Dumm miaßd i sei! Du konnschd mi need moana.
Dea kannt doch des Baggal an Hausgang hiloana.
D'oid Resi, wo dees kriang soi, machd Düar kaum no auf,
kimmt Stiang grood noo nundda, awa dann nimma nauf.

I hock grood so gmiadle im Schaukelschdui drin,
und scho griagd da Doog no an heiteren Sinn.
Aus da Wohnung ums Eck, head ma d'Kinda laut singa.
I denk so gern z'ruck! Ma wead hoid need jünga.

Auf oamoi, do schäwadz und splitterts und krachts –
du schdockblinda Kooda, woos hoschd wieda gmacht?
Und scho siggd man flizzn, mim ei'zogna Schwanz,
mei koschdbare Wasn, grood war se no ganz!

So blog i mi hoid wieda zum Schaukelschdui naus,
so ganz ohne Kooda hoidd is a need guad aus.
I hear di doch maunzn, kimm raus hintam Eck!
I bin doch dei Fraule, hob mi bloß so daschreckd.

Dees san hoid de Doog, wo's need gäd wia ma mecht.
Doch insgesamt gseng, is doch goor need so schlecht.
Do kimmt ja mei Miezerl, an Muichriassl bis zum Kinn.
Und bis i so schaug, sitzt da Bohle im Schaukelschdui drin!

Blutrote Hoffnung

Das Leben zurückgeholt,
den alten Schwung
neu aufgemöbelt,
lechzend nach Luft und Entspannung.
Ich lasse los.
Innere Uhren
neu auf Anfang gestellt,
dem Ende entgegen.

Das alte Herz
schlägt und pumpt,
mit geduldigem Gleichmut
den Lebenssaft der blutroten Hoffnung
durch meine Glieder.
Unermüdlich –
aus reiner Gnade –
und Barmherzigkeit.

Doch alles, alles in mir
will die Dinge beim Namen nennen.
Lügen als Trugbilder
hängen auf Vorrat in der Luft,
immer auf dem Sprung.
Ein Schauer durchrinnt mein Sein.
Ich kenne meine Angst –
und ich kenne mich und dich.

Nur kurz
sind die späten Sommernächte,
die mich von dir träumen lassen.
Längst leuchten andere Bilder in mir,
verzehrend in der Entbehrung.

Ganz langsam rinnt und rinnt
uns die Zeit davon.

Und dann reden wir –
wie so oft – übers Wetter,
als wäre rein gar nichts gewesen.
Keine Kerzen,
kein neues, weißes Gewand,
dafür innere Loblieder.
Loblieder dem Höchsten.
Dem – der mich leben lässt.

Im Waschgang
neu zum Leben ...

Kennt ihr diese alte Frau?
Ich kenn sie, glaub ich, ganz genau.
Sie hat ihr Leben abgelegt,
ihr Giftblut wird nicht neu belebt.

Sie kann nichts mehr aus sich allein,
nichts wäscht sie sauber, wäscht sie rein.
Da kam ein kluger Medicus,
mit Not und Klagen war nun Schluss.

Mit Kabeln, Schläuchen und Membran
duales Leben fängt nun an.
Man dreht am Rad, schon läuft das Blut.
Ach, Doktorlein, ich zieh den Hut!

Maschinenrein und klinisch rot,
in Wahrheit bin ich doch schon tot!
Ich brauche halt, wer wills verstehn,
Maschinenkraft zum Gradestehn.

Seit an Seit mit ganzer Kraft,
erneuert wird mein Lebenssaft.
Ich lauf und lauf und lauf noch weit,
hinein in Gottes Ewigkeit.

Mundarttreffen
beim Brunnerwirt

Mundart-Treffn, dann und wann
und a a guade Musi,
allad hockad gmiadle zamm,
da Hanse und de Rosi.

Iazd fang ma o und loost fein zua,
heid gibds no wos zum Laacha,
denn Dichtn kenna d'Leid oft gnua,
doch selddn Mundart-Sachan.

Es is arg schlimm im Baiernland,
mia san fürs boarisch-Re'n bekannt,
doch wemma wohnt darhier am Lech,
dann hodd ma faschd a wengal Pech …

… da Oane schwätzt wia d'Schwobaleid
des machd am Boar garnia a Freid.
Du moanschd, du bischd in Babylon,
vaschdääschd bloß soiwa nix davon.

A Schprochagmisch, dass d'Oara klinglad,
doch allat no dia Mädla singad:
„Mei Ländle, mei Städle, hob i im Sinn,
weil i am Lechroa geboara bin …
weil i am Lechroa geboara bin.“

Wias hoid so is im Leb'm …

Dees Wesn da Liebe
soid ma schdudian,
dann miaßd mas need jeeds Johr
aufs Neie probian.

Ma woaß dann wias gääd,
ziagt zu zwoad an oam Schdrang
und schoo griagd dees G'soggde
an ganz andan Klang:

„Mei Mausi,
mei Bobberl,
mei ganz liaba Schatz,
do drinn, in meim Herzn,
hoschd du doch nua Platz!
Kimm, zupf di fein zamm,
s'gibbd a Feschd und a Musi,
schoo hoschd'n vagessn,
dein saubanan G'schpusi.“

Nachtgedanken

Die Nacht ist barmherzig.
Sie deckt mich zu
mit Armen,
die den Schlaf bringen,
das Vergessen.
Ich bin geborgen.
Trotz all ihrer Schwärze,
die Nacht fürchte ich nicht.
Sie ist meine VERBÜNDETE.

Zeitenwende

Kluge Männer sitzen im Rat.
Sie reden und planen
und schreiten zur Tat.
WIR wollen –
WIR müssen –
WIR planen voraus. –
Befragen die Weisen,
die kennen sich aus.

Es kommen die Seher,
die Magier und Propheten.
Verkünden das Ende,
mit lauten Trompeten.
Mit Pendel und Karten,
und Blicken zum Mond,
werden viele zum Meister,
weil sich das lohnt.

Wer jetzt einen Trost braucht,
erfleht Hilfe in Rom.
Dort sitzt jetzt Franziskus
auf heiligem Thron.
Ein Papst für die Menschheit,
viel Hoffnung glimmt auf.
Gott Vater im Himmel,
lässt den Dingen freien Lauf.

Denn längst steht geschrieben:
WER die Zeitenuhr misst,
WER die Schlösser entriegelt,
und die Siegesfahne hisst. –

A scharfa Wind

A scharfa Wind pfeift rum ums Eck.
Und Redn, hodd do gor koan Zweck.
Da Moh is zwieda, grandld rum.
I schde danem und schaug recht dumm.
Drum schreib i schnoi an nettn Briaf und froog:
Warum schaugschd goor so schiaf?
Kimm, loss dein Groll, sei wieda guad,
hood nia nix gnutzt dees hitzig Bluad.
Mia zwoa kean zamm, vagiss dees need!
Denk oamoi nooch und sei need blääd.
De blonde Urschl, schaugs doch o,
der lafft da beschde Moh davo.
Hädschd liawa so a Barbybubbm?
De schbuggd da ganz schnoi nei in d'Subbm.

Doch, wenn i bedenk, dann loss i di geh,
i nimm dann an Bäda – dea is genau so schee!

Wann i kunnt, wiari mecht …

Wann i kunnt, wiari mecht …
daad i morgn scho vareisen,
und olle Doog wiara Königin speisn.
Beim Begga kaffa, woos ma schmeckt.
Ma koo ruig moi gspanna,
woos oiß in mia steckt!

I daad gern auf d'Nacht, an Mond osinga.
Im Woid drauss, bei de Baam,
aus de Nachtschattn springa.
Frei mecht i sei, ganz frei von Sorgn!
Heid mecht i lebm –
Und need erschd morgn!

Wann i kunnt, wiari mecht …
dad i an Traumtänzer buachn.
Oder soidd is, wia de Junga,
im d'Schäddroom vasuachn?
I drau mi do nei,
g'frei mi narrisch scho drauf –
Doch wann is wea doo?
Und wea schpead ma dann auf?

Und bin i dann drinn,
bin i nimma zum hoitn.
I schnapp ma an Junga,
de Oidn soins koitn.
Den daad i ma ziang,
dees war gorned so schlecht.
I loss ma dann zoang,
ob er koo, wiari mecht ;-))

Wuadkraft

In mia gibds a Kraft
midd am ganz biddan Saft,
midd ra ganz argn Wuad,
de duad ma oft guad.

In mia glimmt a Feia,
is ma soim need geheia.
Funkn fliang midd jedm Wort,
zündln da und zündln dort.

In mia tobt a Schmearz,
schiabt an Riegl vor mei Hearz.
Löst an Schrei aus trockna Kehle,
Wort auf Wort verletzt die Seele.

In mia san Wundn, diaf neigritzt.
Zorn aus Feindesaugn blitzt.
Lebensampl stääd auf Rot,
ene mene muh und du bischd dood!

No an Dropfn Gift ins Bluad,
neie Nahrung, neie Wuad.
Es gääd weida, nix bleibt steh,
midd am Handkuss deafschd dann geh.

***

De andre Woch beim Seelnklemtna,
soggt dea dann bloß: „Ja, ja, dees kennt ma."
Am Standesamt wean d'Ring o'gschdeckt,
doch sLebm danooch, is oft varreckt.

Drum is oft bessa, ma gibd a Rua,
zu meine Fiaß kean meine Schua.
A andra ziagt se de need o,
weil ea sonschd need weid laffa ko.
Zu meine Weg kean meine Schritt,
Mit ganz vui Glück, gääd oana midd.

Mäuseleben –
oder: die Geschichte von
der grauen Maus.

Kleine, graue Maus,
komm heraus aus deinem Loch!
Schau dich um in dieser Welt,
ob sie dir nicht doch gefällt.

Wovor ist dir Angst?
Was bringt dich in Not?
Lebe doch dein Leben –
Am Ende steht der Tod.

Hast du Angst vor Fallen,
die der Mensch dir stellt?
Oder ist es Blindheit,
was deine Seele quält?

Siehst du nicht die Farben,
dieses Rot und Grün?
Siehst du nicht die Blumen,
sie möchten für dich blüh'n?

Sag mir, Maus, wer bist du?
Warum trauerst du?
Wer hat dich erschaffen,
macht dich gar nichts froh?

Wag mit mir das Neue,
einen kleinen Schritt.
Hab keine Angst vor Menschen,
komm, ich nehm dich mit!

Bald schon sollst du spüren,
wie schön das Leben ist.
Die Welt voll bunter Farben
und guter Dinge ist.

Dann spürst auch du die Freiheit,
siehst nicht nur Grau in Grau.
Dann darfst du voll erblühen,
zu einer reifen Frau.

Leg ab, den grauen Schleier,
trag mutig auch mal Rot!
Nichts kann dich mehr beirren,
vorbei die Zeit der Not.

Eiszeit

Eiszeitmensch – wie bist du kalt!
Erstarrt und matt und schrecklich alt.
Deine Arme hängen schwer,
Augen fahl und beinah leer.
Rücken krumm, so tief gebeugt,
gibt's noch etwas, was dich freut?
Hörst dir selber gerne zu,
sorgst dich stets um deine Ruh'.
Aus dem Bett noch müd' von gestern,
reicht es dennoch gut zum Lästern:

**„Alles ist kaputt im Land,
aus den Ritzen rieselt Sand.
Sand, so fein und dünn gemahlen,
nur die Dummen dürfen zahlen.
Letzter Taler bald verzockt,
läutet bald die letzte Glock'."**

Eiszeitmensch – bleibt dann allein.
Wer will jetzt noch bei ihm sein?
Noch ein Jahr im Winterwald,
Eiszeit, macht die Frauen alt.
Noch ein Jahr ganz ohne Sonne,
bringt uns nur Kummer, keine Wonne.
Wir leben zwar und sind doch tot.
Im Lande „Babel" unsrer Not.

Herbst-Hoamat
am Hohen Peissenberg

Vor mia breit' se a Landschaft aus
an Buiderbiachal gleich,
weit drunt' im Dorf, dees oide Haus,
war lang mei' Himmelreich.

De ledsch'dn Rosn san vabliad
in mia a scheena Draam –
A oanzig's Vogerl singt no liab,
im oidn Apfebaam.

Schwarz-weiße Woikn fliang vorbei,
wia Schifferl auf'm See
und in da Nosn riach i scho
an Windda und an Schnää.

A koida Oschdwind bloost se auf,
treibt Blattln vor se her.
Weit droom am Berg, glei' bei da Kirch,
bleibts Aussichtsbankal lear.

I soogs eich Leid, kon's soim need glaam,
da Somma is vorbei!
Es koo need oiwei Somma sei,
da Windda druckt gaach rei!

A frecha kloana Sonnaschdrahl
valafft se in mei Hearz.
Iazt sans beinand,
hob goor koa Wahl,
de Freid und a da Schmearz!

In Herbschd neii

Scho sans do, de dunkln Doog,
ohne Sonna, ohne Liachd.
S'ies, als ob a bäsa Geischd,
ins Gmiad mia eini griachd.
Grood war no oiß im Sonnaglanz
und s'Lärchal volla Jubl –
iazd druckd da Newe nei ins Tal,
wo sonschd a arga Trubl.
I denk so gern an damois zruck:
s'war hoid mei schenschde Zeit;
an meine Berg und an mein See,
wia hod mi s'Lebm so gfreid!
I war – wia soll i des bloß sogn –
a ganz a andre Frau:
I hob gearn danzd, I hob gearn glacht,
woaß oiß no ganz genau.
Schnoi hob i g'merkt, so weads ned bleim:
Wos Bliad, gibds boid a Steam.
Du koschd laut drama,
es ändert se nix,
es schtreift di koa oanziga Stern.
Schoo pfeift da Nordwind rum ums Eck,
de Doog san olle zeiid.
Midd jedm schena Abendrot
nimmschd Abschied von da Weiid.

Christenland

Hoffnung steigt in mir hoch.
Ein neuer Papst.
Das Volk jubelt.
Kommt jetzt die Zeit der Glaubenserneuerung?
Kann auch ich wieder hoffen?
Hoffen, zusammen mit den Ausgeschlossenen?

Alle Stühle sind besetzt:
– von euren Purpurträgern,
– von euren Maulhelden und Geldverschwendern,
– von euren Wortverdrehern und Glaubenslehrern.
Alle Stühle sind besetzt:
– von Männern, die der Frau nicht die Ehre geben,
– die dem Nächsten, Andersgläubigen nicht trauen,
– die das Wort Gottes nicht zur Liebe treibt,
sondern zur Trennung.

Wer ist euer Gott?
– Ist er auch mein Gott?
– Wo ist mein Platz in euren Reihen?
– Neben euch?
– Bei euch?
– Mit euch?

Zum Bettler werde ich nicht!
Nicht unter diesem römischen Dach.
Die Siegerurkunden sind verteilt.
Hier ein kleines Almosen –
für den Fremden auf der anderen Seite.
Euer Gott ist nicht mein Gott!

I mach meine Augn zua

I mach meine Augn zua
und wünsch ma an Traum:
Bin wieda a Kind
unterm Weihnachtsbaum.
Siags glitzern und funkeln,
so schee wia no nia.
Da Vadda und d'Muadda
san wieda bei mia,
und a meine G'schwista
san oisamt beinand
und i in da Middn,
d'neie Puppn in da Hand.

I mach meine Augn zua,
heid schdoi i mi blind.
Mecht oamoi no sei
des kloane Kind.
Geliebt und beschützt
und frei von Sorgn.
I wissad mi endli
wieda geborgn.

Wias friara so war

In meina Kindheit war Weihnachtn no schee,
drauß, vor da Haustür, grood medderweiß Schnee.
Saukoid is gwesn und d'Nächt so ganz klar.
I erinner mi gern no, wias friara so war.

Für uns Kinda wars a bsonders scheene Zeit.
Mia ham uns ganz narrisch aufs Christkindl gfreid.
d'Ruatn vom Knecht Ruprecht hod da Vadda need braucht.
Und hods moi an Streit gebm, war a längschd scho varraucht.

Unsern Christkindlbriaf, so a kloana Zettl,
ham ma nausglegt aufs vordere Fenschdabrettl.
A Puppn, an Fuaßboi, an recht siaßn Punsch,
so hätt halt a jeda an Weihnachtswunsch.

Lang ham ma gwart, obs Engerl boid kimmt;
obs den weitn Weg vom Himme zu uns owa findt.
So is se vaganga, de staade Zeit
und d'heilige Nacht war nimma weit.

Schnoi noo fürn Obba an Tabak eikafft,
weil a hoid oiwei sei Pfeifn no pafft.
In jed'm Eggerl war ebbas vasteckt,
da Hanse, der Lausbua, hods pfeigrood entdeckt.

In oam Johr, do wars mit eahm bsonders schlimm:
do findt a doch glatt dees neije Parfüm;
a Gschenk füa d'Muadda, so a winzig kloans Flascherl,
vasteckt in da Oma iahm Sonntagsdascherl.

Mia warn zwar need reich und a need ganz arm,
denn inwendig wars uns ums Hearz rum so warm.
Koan Fernseha hods gebm und a sonschd koan Radau.
Wia ma jezzad so feiert, do draus wear i need schlau.

Wia jeds Johr um Zehne, wars hegschde Zeit,
a jeda hod se aufs Meddngeh gfreid.
Obwohls ganz schee weid war und mittn in da Nacht,
koana hod do a Lädschn higmacht.
Oiss war ganz anders im Gegensatz zu heid –
So ändern se Zeitn, so ändern se d'Leit.

Am Ziel

Wenn die Worte fehlen,
die das Leben erzählen,
wenn der Kummer erstickt
und kein Lichtstrahl erquickt:
dann komm!

Wenn im Sand dir verrinnt
was die Zeit dir bestimmt,
wenn die Stimme versagt,
alle Welt dich verklagt:
dann komm!

Wenn die Wolken verhangen,
alle Wege gegangen,
alle Stunden gezählt,
alles Weh dich gequält:
dann komm!

Wenn dein irdisches Zelt
dich nicht hält auf der Welt,
ist gekommen der Tag
wo vorbei alle Plag.
Heimkehr, sie ist dir gewiss.

Danksagung

Am Ende dieses kleinen Gedichtbandes möchte ich dem Autorenkreis Landsberg, insbesondere Helmut Glatz, dem Gründer dieses Kreises, danken. Jeder ist hier gerne gesehen, der die Liebe zur Lyrik für sich im eigenen Schreiben entdeckt hat. Als unerfahrener „Schwimmer im Sammelbecken für Literaten", wurde es mir über die Jahre leicht gemacht, mich nach und nach als Hobby-Autorin „freizuschwimmen." Der vorliegende, kleine Gedichtband darf als „Dankeschön" für meine „Lehrjahre" im Autorenkreis verstanden werden.

Ganz besonders bedanke ich mich bei meinem Freund und Lehrer, Roland Greissl, aus Fuchstal: Durch dich, lieber Roland, habe ich – im Alter einer Großmutter – echte Förderung im lyrischen Schreiben erfahren. Du hast mir in all den Jahren ganz viel deiner kostbaren Zeit geschenkt, um zusammen mit mir meine Gedichte zu besprechen. Viele, viele E-Mails wurden ausgetauscht. Niemand konnte besser in meine Verse „hineinschlüpfen" als Du. In diesen Jahren entstanden etliche meiner Mundart-Gedichte, die dir und mir so sehr am Herzen lagen. „Wie vom Wind gehaucht", ist somit indirekt auch dein Werk. Lass' mich an dieser Stelle Danke sagen, für deine unermüdliche Freundschaft.

Heidi Kjaer   Schongau, den 16.05.2015